LUCÍA
ROGER OLMOS

MIL
MUNDOS
ILUSTRADOS

Como cada mañana,
Lucía se despierta
y se prepara para el nuevo día.

As she does every morning,
Lucia wakes up
and prepares for a new day.

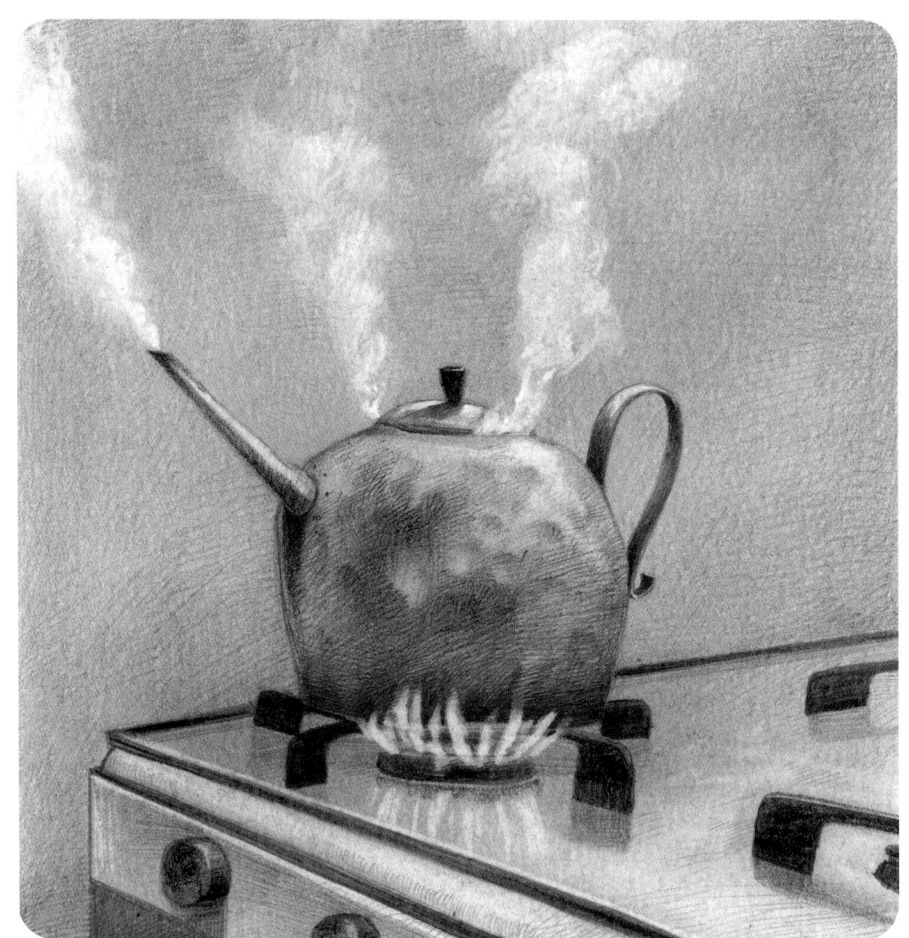

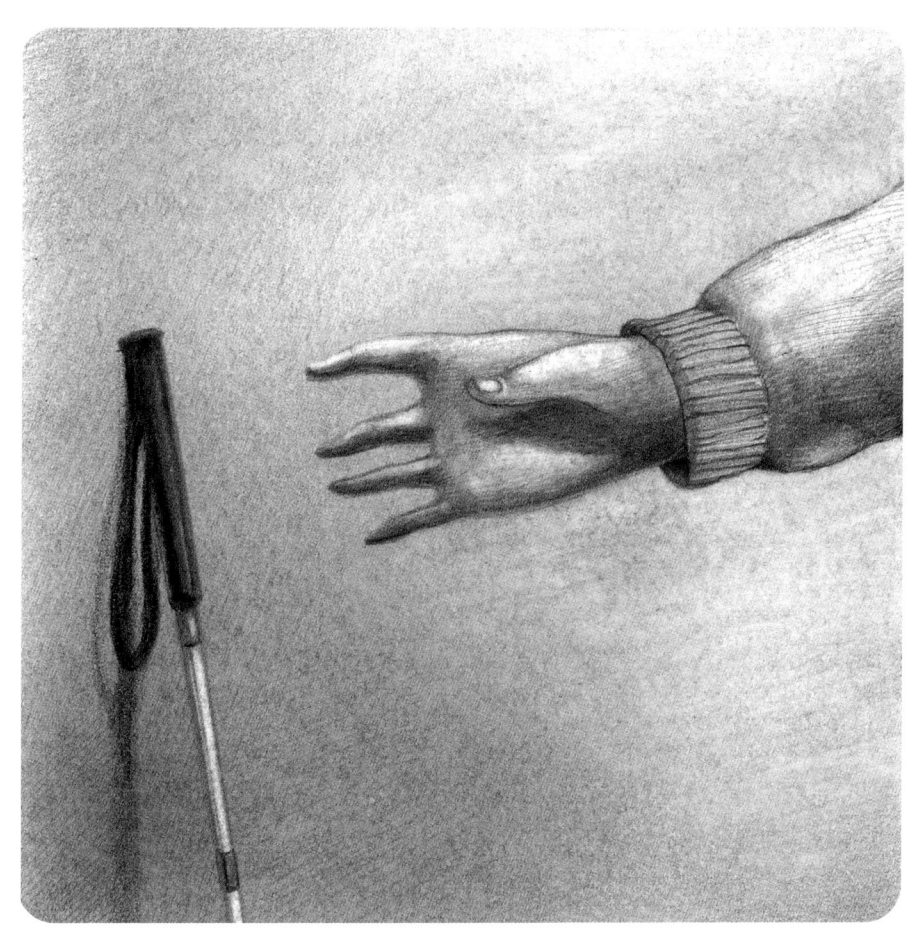

Toma el desayuno,
se abriga
y sale a la calle.

She has breakfast,
puts on her coat
and leaves.

Espera el autobús...
She waits for her bus...

Sube, marca su boleto,
busca un lugar donde sentarse.
Pero ella no es como los otros niños,
y apenas sus pies se despegan del suelo...

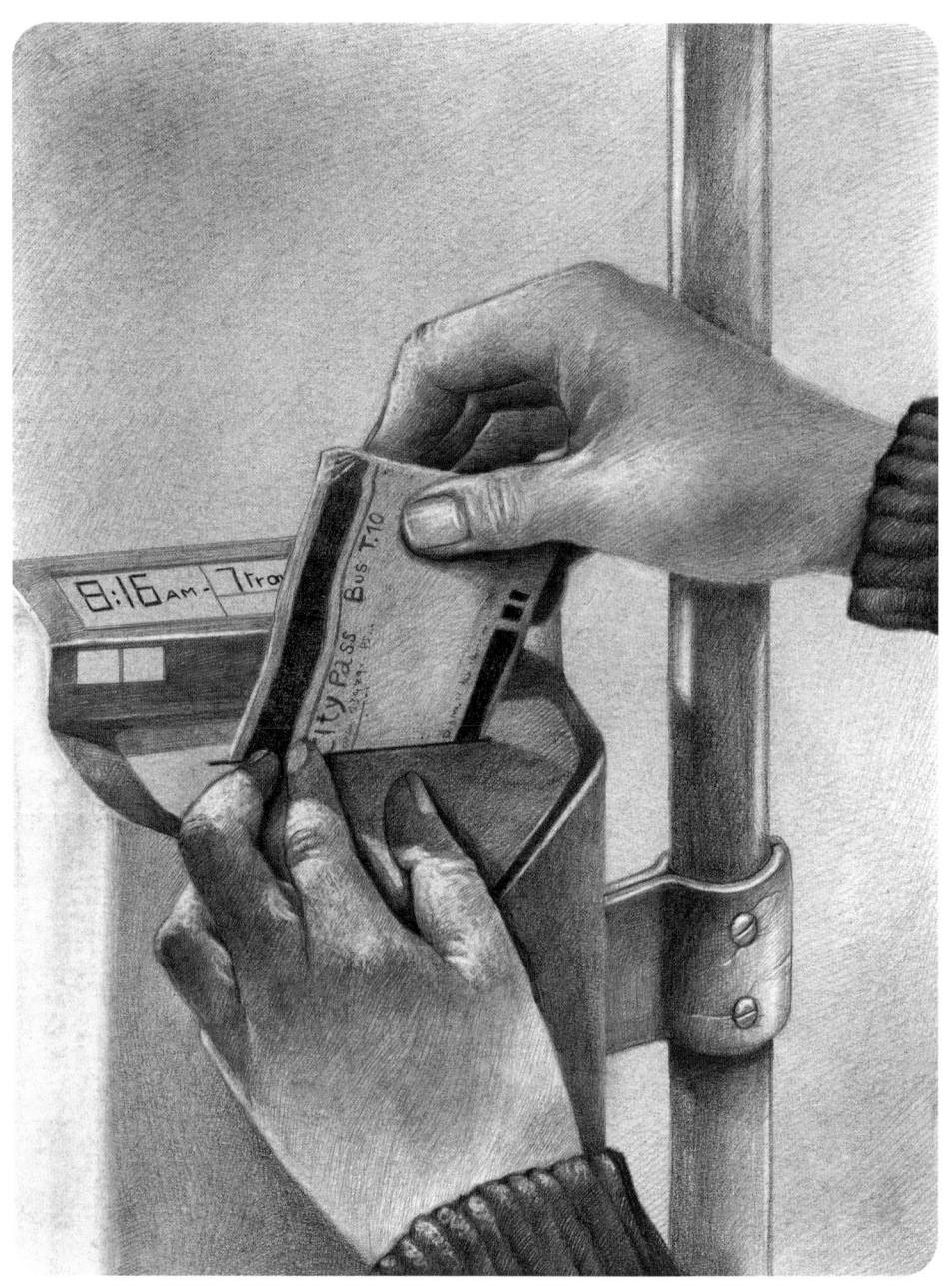

She gets on, validates her ticket,
and looks for somewhere to sit.
But she is not like the other children,
and as soon as her feet leave the ground...

... ¡Lucía empieza un viaje maravilloso!

... Lucia sets off on a wonderful journey!

Cada día se encuentra con sonidos...

Every day she meets sounds...

... y señores extraños...

El señor educado
de bella voz elegante,

... and strange men...

The polite man
with a fine elegant voice,

el amigo de las palomas,
un poco viejo
y un poco triste.

the man who is a friend of the pigeons,
rather old
and rather sad.

*El señor maleducado
que ha comido basura*

*The rude man who
smells like a junk food freak*

o aquel que se ha tragado
una chimenea entera.

and the fellow
who resembles a
walking chimney.

Lucía cada mañana
cruza todo el parque,
del que conoce
y saluda cada árbol.

*Every day, Lucia
crosses the park
and greets each tree.*

*Ama la ciudad en la que vive,
y no tiene miedo de cruzarla...*

*She loves her city
and is not afraid to travel through it...*

... ¡para llegar a su adorada escuela!

... to get to her beloved school!

Y como cada mañana,
Lucía entra en su aula,
se sienta en su lugar, y...

So, same as every morning,
Lucia enters her classroom
and sits at her desk...

... un canto de mariposas multicolores
alegre y simpático le saluda.

... where she is welcomed by a song,
happy and delicate as fluttering butterflies.

¡Un nuevo compañero de curso ha llegado!

A new classmate has arrived!

¡Un nuevo amigo!

A friend!

"Para mí *Lucía* ha representado el inicio de una nueva aventura. Acercarme al mundo de la discapacidad, sobre todo la discapacidad visual, demolió un muro que había construido sin siquiera darme cuenta. El de le ceguera es un mundo que sólo conocía –como todo el mundo– por haber encontrado a un ciego por la calle y (tal vez) haberlo ayudado a cruzarla. Por eso sentí la necesidad de documentarme sobre ese tema desde lo básico, es decir, leyendo *Ensayo sobre la ceguera* de José Saramago, *El país de los ciegos* de Herbert George Wells, *El día de los trífidos* de John Wyndham y *La historia de mi vida* de Helen Keller. También vi los documentales de Silvio Soldini *Per altri occhi* (Para otros ojos) y *Un albero indiano* (Un árbol indú). Este último fue realizado en colaboración con la onlus CBM Italia y es protagonizado por el fenomenal Felice Tagliaferri (que para mí se parece mucho al actor francés Jean Reno), escultor ciego al que tuve el placer de conocer personalmente en su Iglesia del Arte en Bolonia, donde me invitó a participar en un taller de autorretrato en arcilla con los ojos vendados. También tuve la oportunidad de entrevistar a Manel Martí, presidente de la Asociación Discapacidad Visual de Cataluña B1+B2+B3 en Barcelona, que me contó de su destello de amor por una desconocida de la que sólo había olido el perfume y rozado la suave piel del codo. Mis investigaciones me llevaron a darme cuenta de cuánto la vista condiciona nuestra percepción de la realidad, pero sobre todo me desvelaron la existencia de un mundo hecho de percepciones táctiles, olores y sonidos... y colores también (¡porque la fantasía tiene colores vivos!). Un mundo que hasta entonces sólo creía hecho de oscuridad. *Lucía* es el resultado artístico de este primer encuentro con el mundo de la discapacidad visual. Sé bien que se trata de una discapacidad, y que todos los invidentes preferirían ver. Y sé bien que ser ciego en Europa no es lo mismo que serlo en África o en otros países en vías de desarrollo, pero este sólo es el inicio de mi aventura, de mi viaje. Con *Lucía* quise empezar por la esperanza. Quise colorear y dar forma al mundo que existe en la supuesta oscuridad en la que vive un ciego; quise mostrar lo que pueden volver a ser las cosas que nos rodean si sólo cerramos los ojos y, simplemente, las imaginamos. Este es un libro para niños, un libro que sueña con integrar el mundo de los invidentes al nuestro, que en la discapacidad sólo ve una diversidad. En este viaje he aprendido una palabra muy importante: INCLUSIÓN, que para mí significa compartir los espacios vitales físicos y oníricos entre personas con discapacidades de varios tipos. Porque esta es la mayor revelación de este proyecto: que, al contrario de lo que pensaba, ¡yo también tengo discapacidades! Mi tacto, mi olfato, mi sentido de la orientación, mi oído y mi capacidad de escuchar (que no son lo mismo) son indudablemente inferiores a como tendrían que ser y, en igualdad de condiciones, al lado de un ciego soy yo el que necesita ayuda".

Roger Olmos

"For me, *Lucia* was the beginning of a new adventure. Getting to know the non-profit organisation CBM Italia Onlus, understanding their work, becoming involved with disabilities, especially blindness, was like demolishing a wall I didn't know I had built. Blindness was a world I knew nothing about, other than the way we all know it, having helped a blind person (perhaps) to cross a road. So I felt the need to research it, starting from scratch, and thus reading *Blindness* by José Saramago, *The Country of the Blind* by Herbert George Wells, *The Day of the Triffids* by John Wyndham and *Story of my Life* by Helen Keller. I also watched Silvio Soldini's documentaries *Per altri occhi* (*For Other Eyes*) and *Un albero indiano* (*An Indian Tree*). The latter was created in collaboration with CBM Italia, and its protagonist is the wonderful Felice Tagliaferri (who I find astonishingly resembles the French actor Jean Reno), a blind sculptor whom I had the pleasure of meeting in his 'Chiesa dell'Arte' in Bologna, where he kindly involved me in a workshop on making self-portraits in clay with blindfolded eyes. I also interviewed Manel Martí, the president of the Discapacidad Visual Cataluña B1+B2+B3 Association in Barcelona, who told me about an ecstatic romantic experience with an unknown woman perceived only through smelling her scent and touching the soft skin on her bare elbow. My research led me to realise just how much our sight conditions our perception of things, but above all it revealed the existence of a world made of tactile perceptions, smells and sounds... and also colours (because imagination is in colour!). A world which up until then I had believed to consist only of darkness. *Lucia* is the artistic result of my first experience with the world of visual disability. I'm fully aware that this is a disability, and that every blind person would much prefer to be able to see. I know well that every day they encounter a thousand obstacles that make their life difficult, and also that it's one thing to be blind in Italy and another to be blind in Africa, but this is just the beginning of my adventure... of my journey. With *Lucia*, I deliberately began with hope. I chose to colour and give life to the multi-faceted world which fills the so-called darkness in which a blind person lives. I wanted to show how the things that surround us can be transformed, simply by closing our eyes, and just imagining them. This is a book for children, a book whose dream is to integrate the world of blind people with our world, which perceives disability only as diversity. CBM's activists taught me a hugely important word which all their efforts are focussed upon: INCLUSION. For me this means a reciprocal sharing of physical and imaginary vital spaces with people with various kinds of disability... because the greatest discovery I made while working on this book is that – contrary to what I used to believe – I am disabled too! My sense of touch, smell, orientation, hearing and ability to listen (not the same thing) are decidedly inferior to what they could be and, on equal terms, compared to a blind person I'm the one who needs to be helped."

Roger Olmos

LUCÍA
ROGER OLMOS

AKAL INFANTIL / MIL MUNDOS ilustrados

Lucía

Título original: *Lucia* © #logosedizioni 2018, Italia
Textos e ilustraciones © Roger Olmos

Traducción al inglés de David Haughton

© Ediciones Akal, S. A., 2024
Sector Foresta, 1
28760 Tres Cantos
Madrid-España
Tel.: 918 061 996
Fax: 918 044 028
www.akal.com/akal-infantil-y-juvenil

ISBN: 978-84-460-5561-7
Depósito legal: M-11.230-2024

Impreso en Italia sobre papel Sappi Magno Volume de 170^{gsm}
de celulosa ecológica de fuentes renovables
por **Tipografia Negri**.